This Book Belongs To

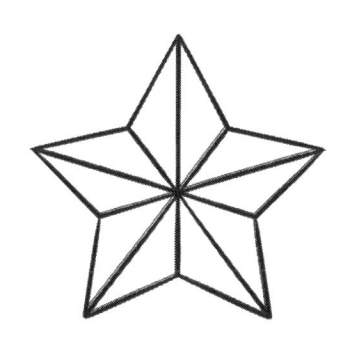

_____

Thank you for purchasing this Christmas Activity Book for Kids. Inside you will find mazes, word search puzzles, crossword puzzles, drawing practice, creative activities, coloring pages, and more!
Answers for all puzzles are in the back of the book.

Wishing you a Happy Holidays and a Happy New Year!

If you enjoyed this book, please be sure to check out more Coloring and Activity Books from KJN Press.

Published by Speed of Life Books
©2023 KJN Press
To explore more, visit: SpeedOfLifeBooks.com

'Twas the night before Christmas...

Help Santa get to his reindeer.

On the following page is Christmas card for you to cut out of this book and color. Fold on the dotted lines to complete the card.

Inside, be sure to write your own personalized message of well wishes for Christmas.

*** Enjoy adding whatever creative designs and drawings you would like around the card design, inside, or on the back.

Merry Christmas

Find the holiday words

N I J Y C O R N A M E N T A
R Z I R A R W I E I D S W S
S P F E F G I F T S H N K D
O W R I F Y S S B T K J J S
G W X N R P G A Q L A Y T Q
C P M D H E C V N E I R J L
H O C E S N P I I T Q F F O
I M S E Z G Y L D O A Q H R
M O V R F U D Q A E R N H L
N L E P Q I Q Y K C R I P V
E H V H E N H M R R E O A Y
Y W N W T K A S M X E H A V
S W J F G W Y G H I H R O H
W X H H Z L U S N N K G K O

SANTA   ELVES   GIFTS
CIDER   CHIMNEY   PENGUIN
REINDEER   ORNAMENT   MISTLETOE
FIREPLACE

Coloring Time!

Use the grid to finish the drawing of the Christmas Bells

Unscramble the words

rsta _ _ _ _

onsw _ _ _ _

fitg _ _ _ _

eret _ _ _ _

wsbo _ _ _ _

Spot the Difference

Two of these gingerbreads are the same, can you spot the two which are different?

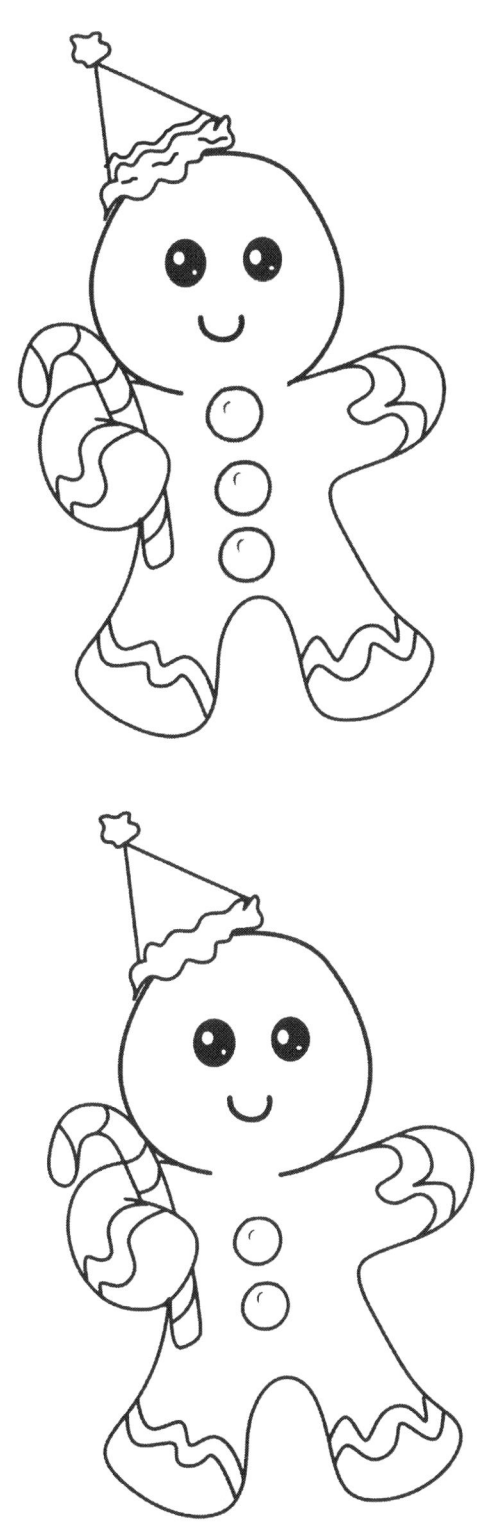

Christmas Crossword

Across
2. Christmas trees are this type of tree.
6. This jolly man in a red suit brings gifts to children around the world.

Down
1. This sometimes goes on top of the tree, and has wings.
3. Kids put this out for Santa to go with cookies.
4. These are left under the tree at Christmas
5. Christmas songs are often called "Christmas _____".

Merry Christmas

Find the holiday words

```
C U J H R D Z A C V G J F T M U
N D A K Q S C D J A I Y M T O M
X X N W G T R Q G O N J Y F L V
S R P W F A C L A F G D B E Q T
I C P Q U U M N F T E I L D A D
Y F K I E O L P R K R B E E T U
P A H I S G S I W V B O X E S S
M M H O T C O C O A R R H H Z X
N D Z E N H E S A S E Q T E E I
S Z V K C L H N N A X K H B Z
H F K U Q A S O B X D G J S K Y
R L X F Z N B W L X V Y K P I N
Z E R I Z B M M Z L R G C G R J
V V F P I R S A C Q Y G U A M U
O K I R M X R N F G A R L A N D
X Z G Q T W X G I R M Z X F Z E
```

choir
snowman
garland
gingerbread

boxes
candles
hot cocoa

holly
ribbons
candy cane

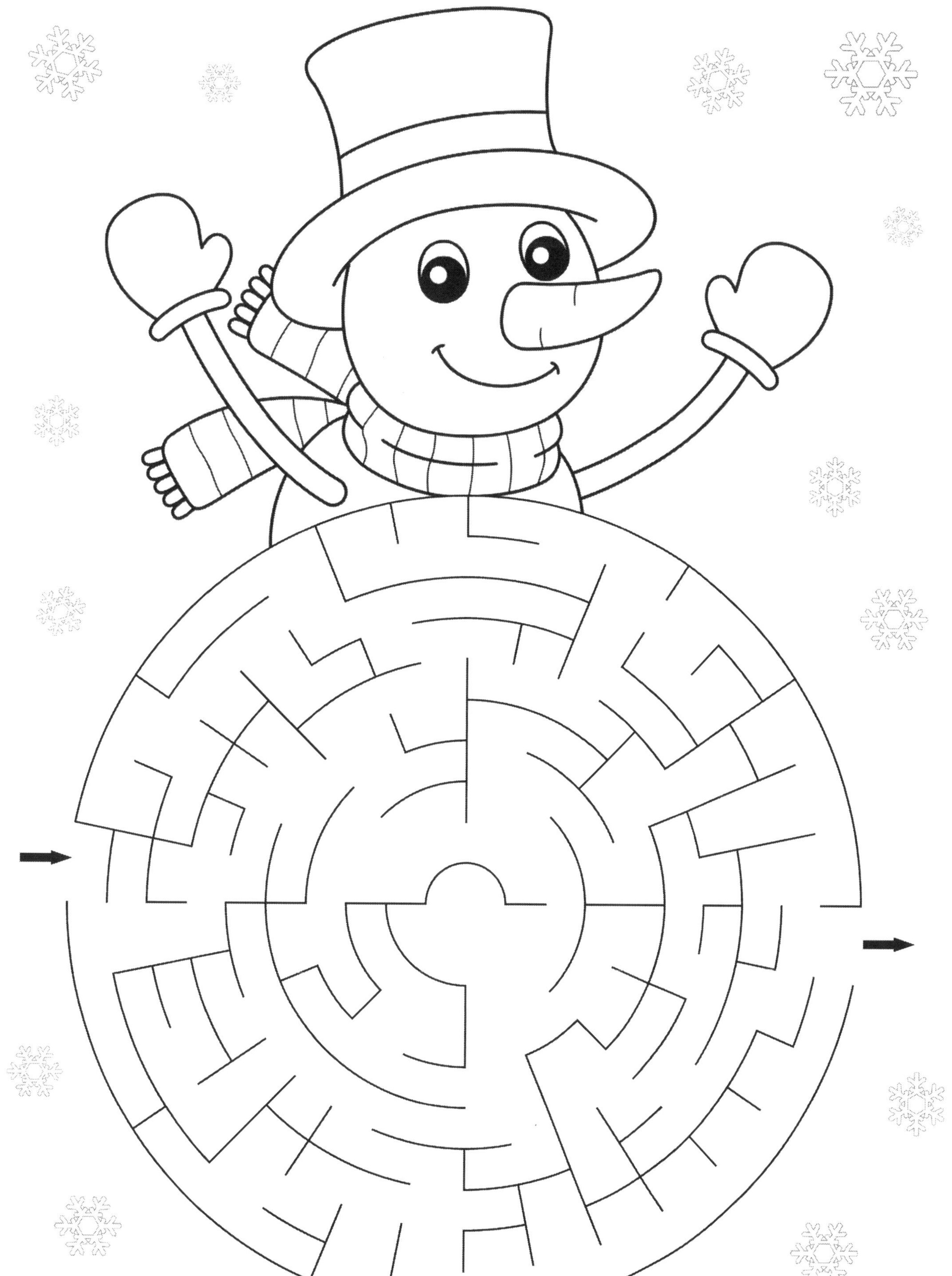

Christmas Cryptogram

What do you call a Snowman party?

Use the key below to match the images with the letters to decode the message and find the answer to the riddle.

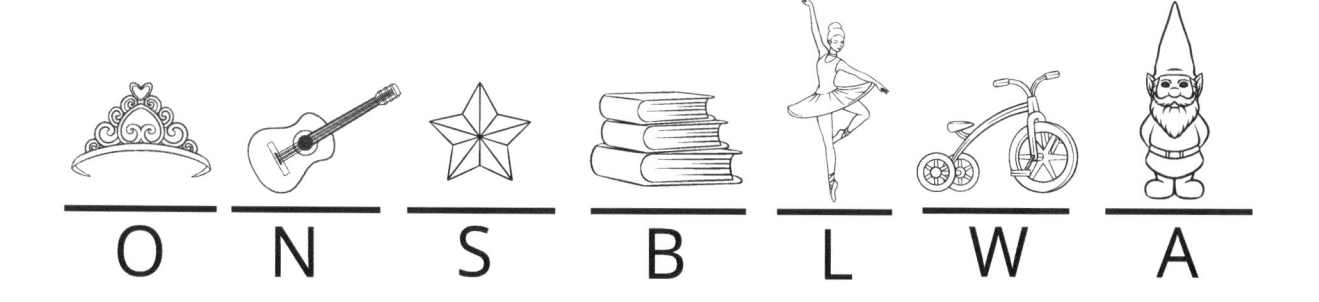

👑	🎸	⭐	📚	💃	🚲	🧙
O	N	S	B	L	W	A

A   S N O W   B A L L

Coloring Time!

Unscramble the words

yhlol _ _ _ _ _

eglna _ _ _ _ _

soty _ _ _ _

dles _ _ _ _

ldlo _ _ _ _

Spot the Difference

Two of the bells are the same, can you spot the two which are different?

Use the grid to draw the picture.

Coloring Time!

Find the holiday words

G B V Z P O N Y G J H V
Y E B E A R S V R L C C
D W O D G K W J P D W M
G G O L M U X V R S C K
F X K U N X L D Z K Q U
C K S X Z D Q X F A Q K
Y W V H C B R W B T T Q
T M R F S C O O T E R U
T J B G B A R C D S U P
K R E F Y K I K L W C E
O H B P I N W C F S K V
E Z C C S O C K S U J H

pony   books   socks
bears   truck   skates
scooter

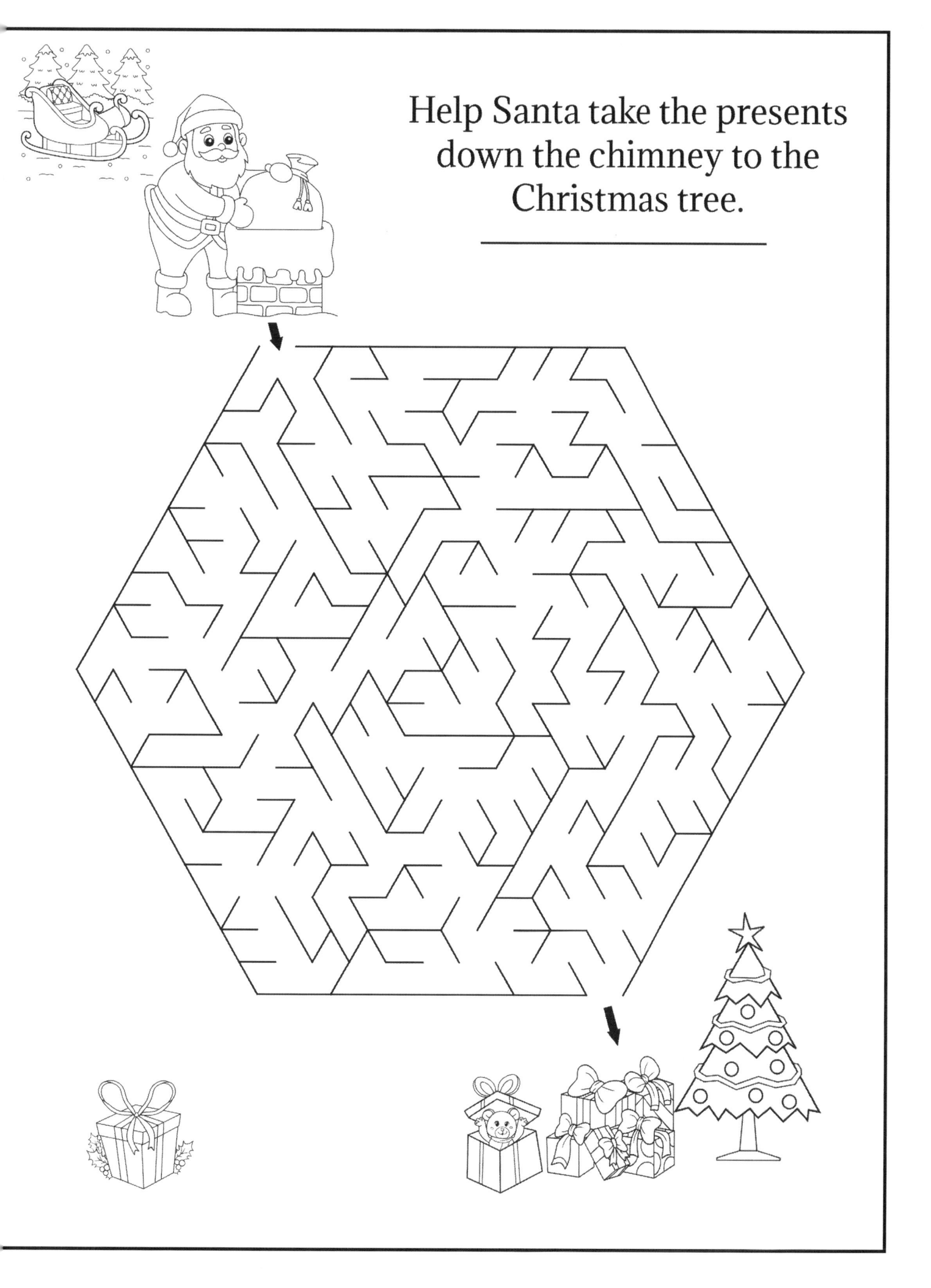

Help Santa take the presents down the chimney to the Christmas tree.

Coloring Time!

Christmas Cryptogram

What does a gingerbread man put on his bed?

Use the key below to match the images with the letters to decode the message and find the answer to the riddle.

h t s i c k o e

c o o k i e

s h e e t s

Use your imagination to decorate the ornaments. You can also cut them out and glue or tape them onto the tree.

Unscramble the words

uhsoe _ _ _ _ _

ndclea _ _ _ _ _ _

ikeb _ _ _ _

lebsl _ _ _ _ _

yopn _ _ _ _

Christmas Crossword

Across

2.
4.
5.
6.

Down

1.
3.

Spot the Difference

There are 6 snowmen. Can you spot the two which are different?

Use the grid to finish the drawing of the Christmas Ornament

Coloring Time!

Find the holiday words

U	J	E	D	M	V	Q	T	F	O	A	F	I	F
B	B	P	C	A	N	D	Y	J	M	P	J	X	I
P	X	C	Q	B	I	H	K	Y	Z	U	X	L	R
U	L	T	K	F	Q	U	X	H	L	V	U	W	P
D	N	U	N	K	Z	U	E	X	K	L	S	Z	M
D	C	R	A	N	B	E	R	R	Y	C	T	M	R
I	B	K	A	C	N	E	K	W	C	G	U	J	H
N	U	E	K	E	E	H	Z	Q	A	Z	F	W	S
G	B	Y	B	C	J	Y	Z	M	K	K	F	Z	U
Z	F	N	O	A	A	Q	Y	J	E	P	I	E	Q
H	W	X	D	O	A	J	J	U	S	U	N	N	I
F	C	O	Q	P	A	H	O	X	N	M	G	W	U
I	S	T	L	J	C	H	Z	Z	R	E	I	G	I
S	N	Y	I	F	C	U	M	R	A	H	M	A	J

Pie Cake Candy
Turkey Pudding Stuffing
Cranberry

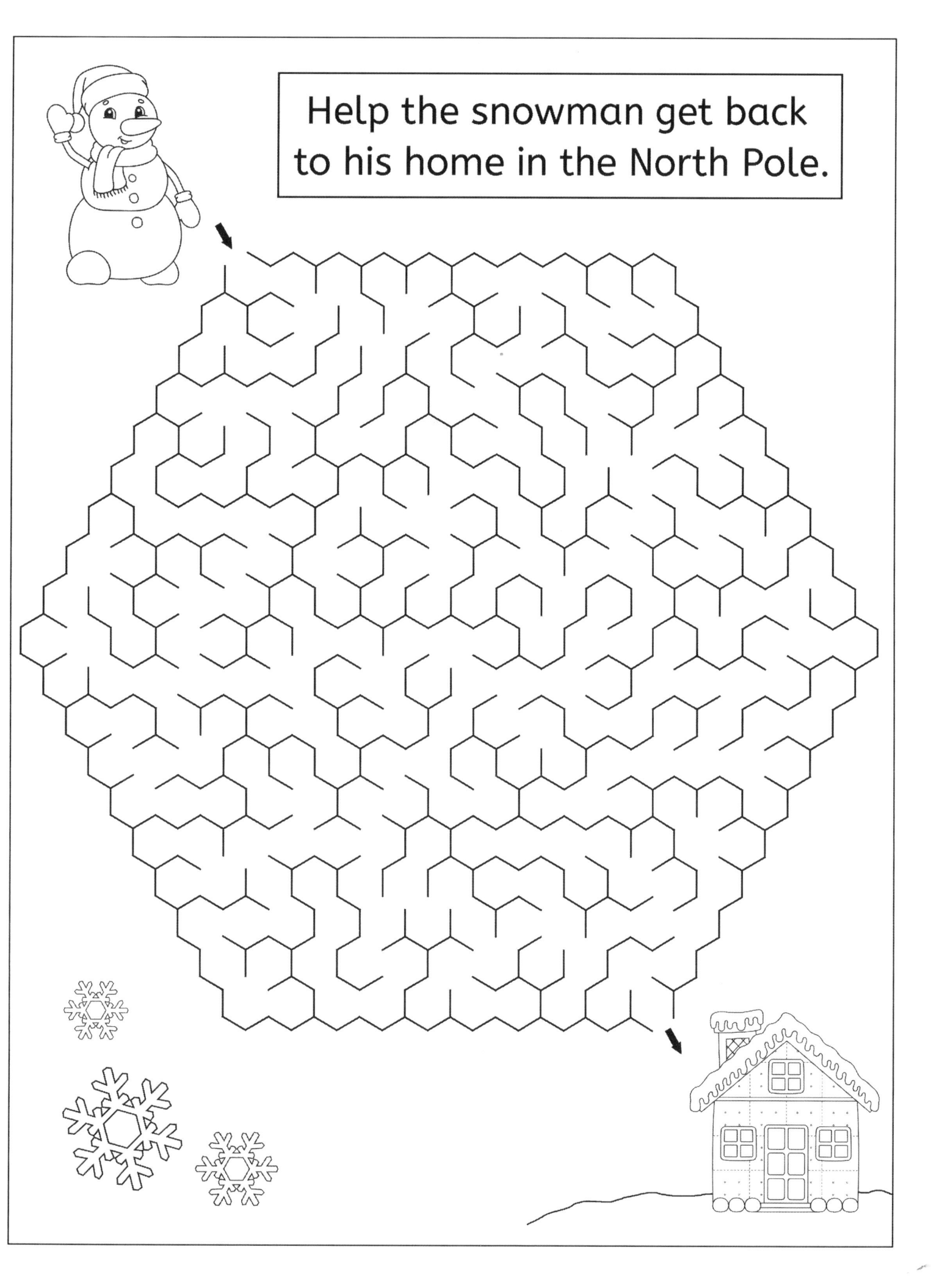

Help the snowman get back to his home in the North Pole.

Christmas Cryptogram

What is a Christmas tree's favorite candy?

Use the key below to match the images with the letters to decode the message and find the answer to the riddle.

| m | t | s | j | a | r | o | n |

Answer: o r n a _ _ _ _ m e n t s

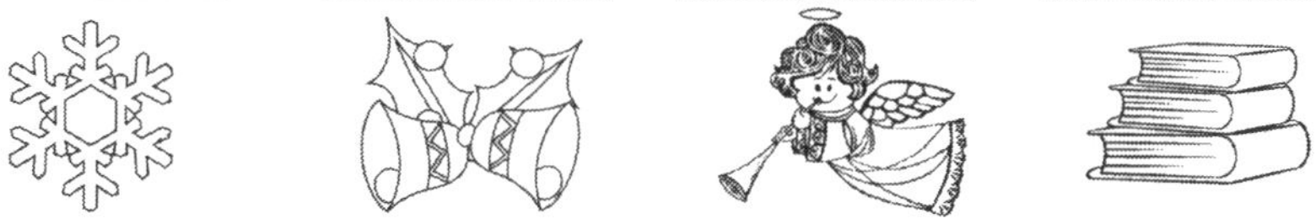

Match the items below by drawing a line from the picture to its' shadow.

Coloring Time!

Unscramble the words

mudrs _ _ _ _ _

abg _ _ _

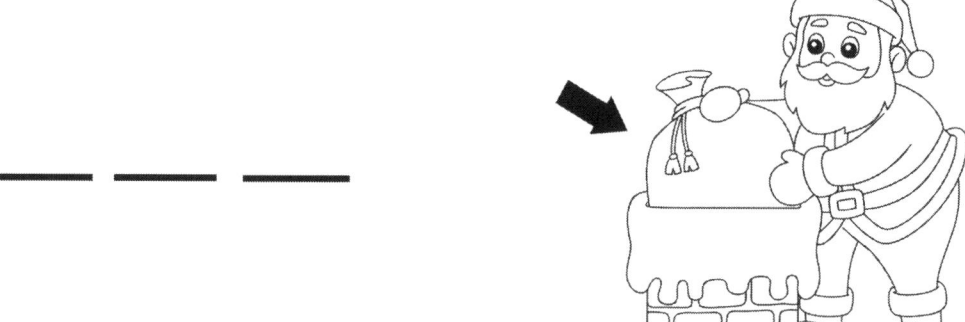

ekca _ _ _ _

crfas _ _ _ _ _

wrnoc _ _ _ _ _

Use the grid to finish the drawing of the Winter House.

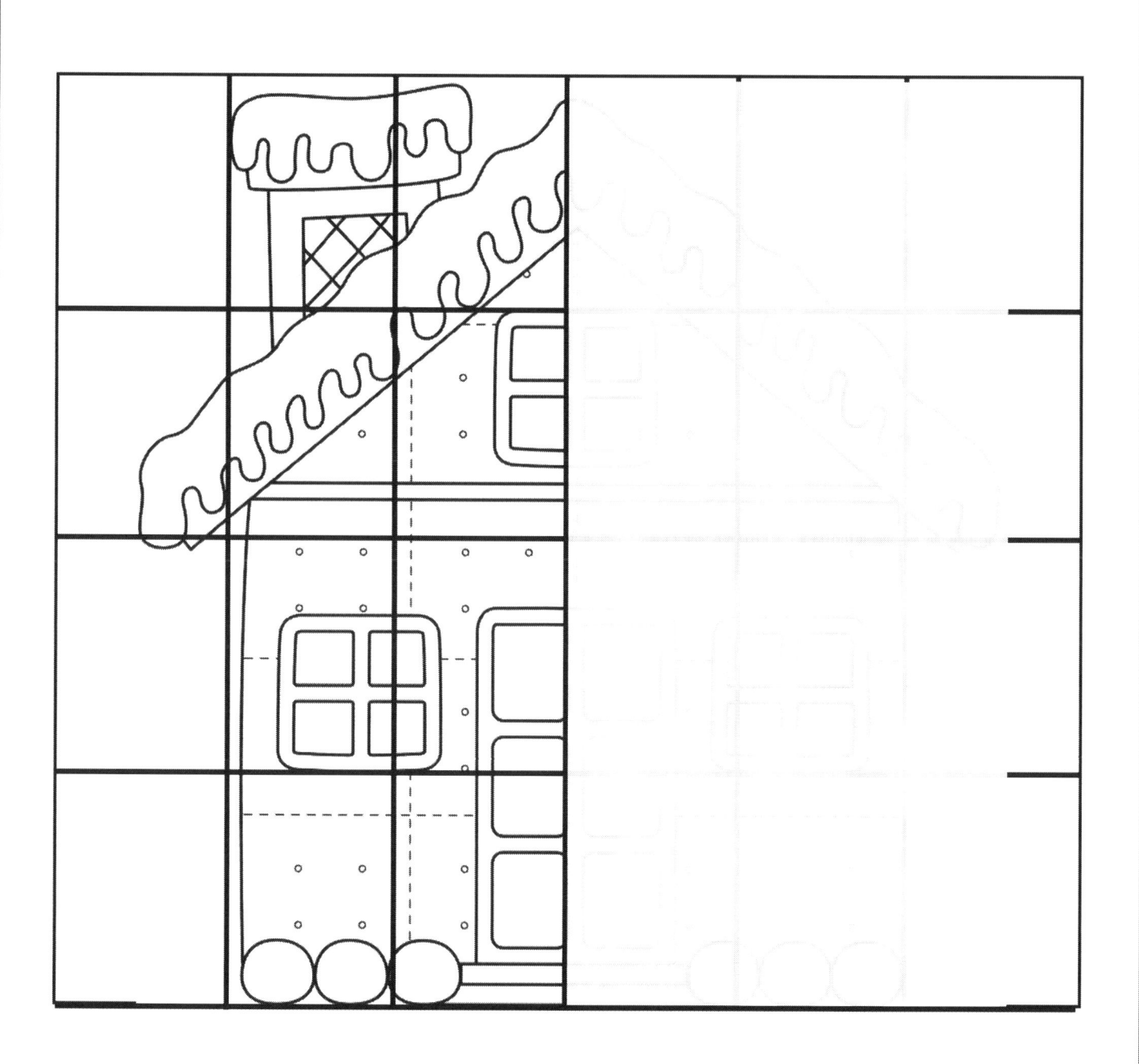

Christmas Crossword

Across

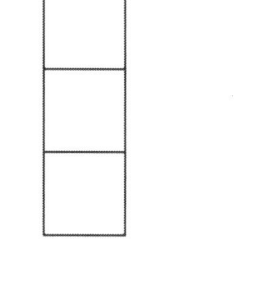

2.
5.
1.

Down

1.
3.
4.

Spot the Difference

There are 4 presents. Can you spot the two which are different?

Guide the reindeer to Santa's sleigh.

Find the holiday words

K N L S R D Z S D Q M I O A
H I B S H Y D Y L F X O X J
W O P N W T E B G C K O O T
N N A O Q J R A J R S J E B
T N N W L S N R C U L R T T
O S W B A A W I N T E R E R
D B E A Q Z R Q K W D C V H
C F K L V U W B Y H I L U B
W J W L V P R I E J Q N I S
A R R F D C A D C A F Z D X
O F D A Q Y Q A N O R T H U
H T P E N G U I N P L U B J
H W T H M Y N I F L R D X X
X P O U I G F P I T O O L I

ice   cold   wind
sled   North   snowy
winter   penguin   snowball
polar bear

Christmas Cryptogram

What did one Christmas tree say to another?

Use the key below to match the images with the letters to decode the message and find the answer to the riddle.

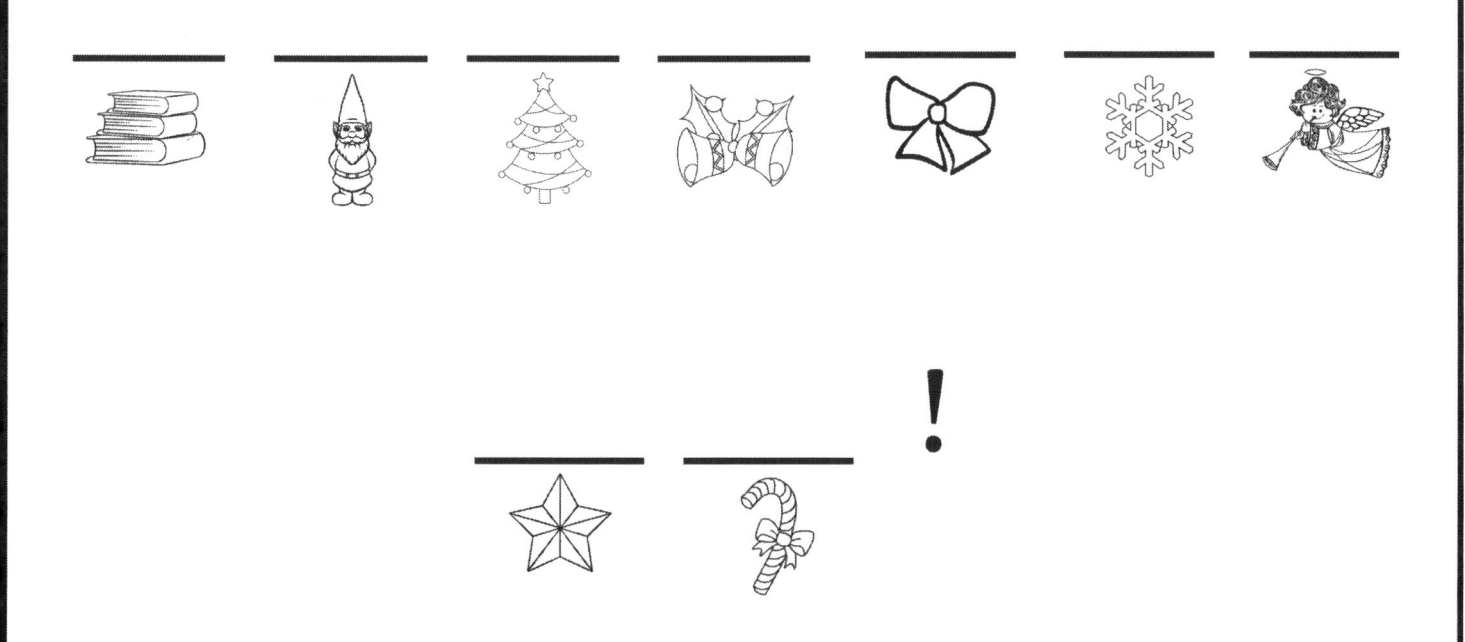

| P | T | U | I | L | H | E | N | G |

_L_ _I_ _G_ _H_ _T_ _E_ _N_

_U_ _P_!

Coloring Time!

Unscramble the words

abll _ _ _ _

urctk _ _ _ _ _

irutf _ _ _ _ _

onom _ _ _ _

agem _ _ _ _

Use the grid to draw the picture.

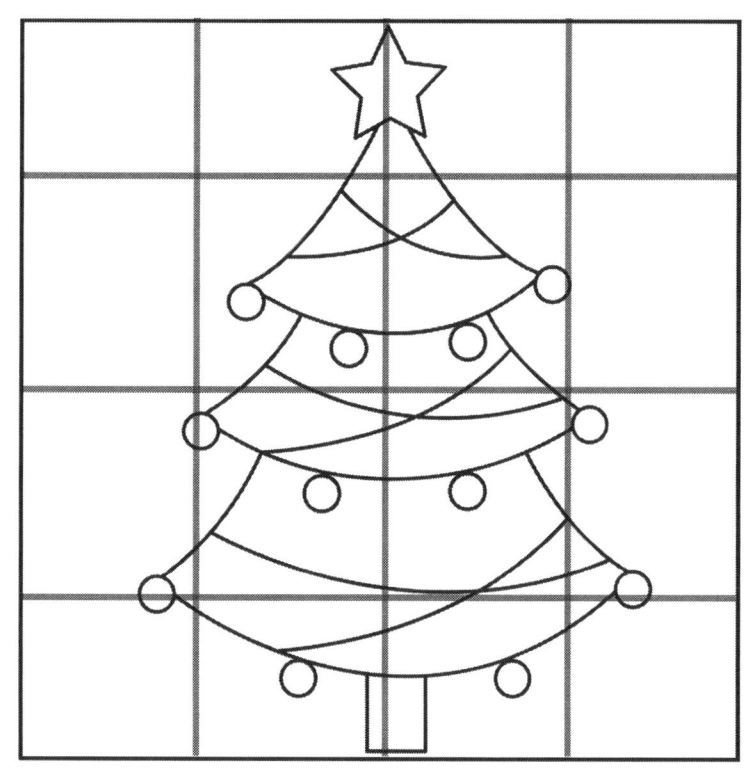

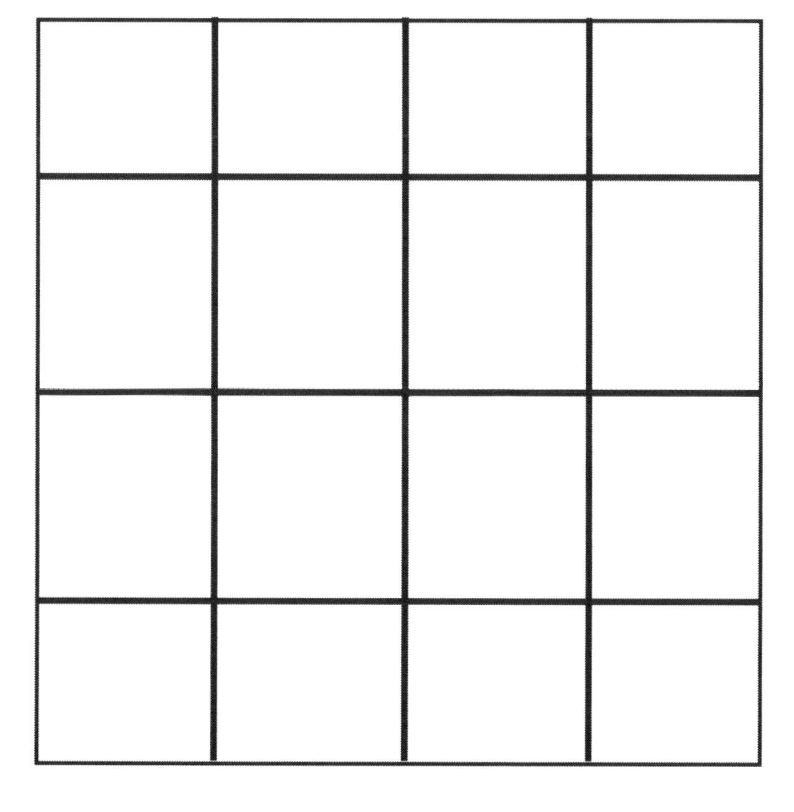

Season's Greetings

Lead Santa to the milk and cookies.

Find the holiday words

B	O	W	R	H	M	M	C	X	C	H	G	L	R	C	Y
P	N	K	E	M	D	J	R	B	T	J	X	M	Y	L	K	M
W	M	M	Q	A	D	Y	A	Z	T	C	X	Q	O	Y	D	K
G	M	P	S	W	O	D	L	O	B	F	W	E	B	O	E	B
E	F	G	A	B	L	O	Q	Y	L	L	U	R	L	C	G	Q
E	D	B	Y	N	L	Y	V	B	Z	H	A	M	W	E	H	U
O	B	I	J	B	S	O	Y	Z	Z	F	R	U	J	J	A	O
L	Y	O	P	H	D	H	C	D	J	W	E	J	F	Q	Y	O
I	V	E	U	S	G	P	O	K	G	W	D	F	E	O	I	J
Y	H	Y	T	H	U	E	D	P	S	G	U	X	I	X	O	H
I	C	F	Z	U	I	Y	K	K	Y	O	Y	S	S	J	U	M
Q	V	N	C	C	T	M	C	I	Y	S	W	Q	X	H	F	M
U	T	F	E	F	A	U	F	L	G	D	G	A	M	E	S	Z
T	P	R	C	H	R	I	S	T	M	A	S	E	V	E	F	K
J	S	K	A	T	E	S	R	K	T	B	A	F	V	P	W	Y
N	D	X	R	P	Q	B	S	I	A	I	P	L	S	K	Y	A
E	E	H	S	V	Q	F	B	G	V	E	E	D	G	F	W	D

shop   cars   elves
games   dolls   trucks
skates   guitar   blocks
Christmas Eve

Christmas Cryptogram

What kind of bug hates Christmas?

Use the key below to match the images with the letters to decode the message and find the answer to the riddle.

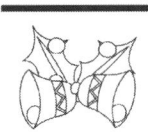

B U A M H G

_A_

_H_ _U_ _M_ _B_ _U_ _G_ !

Use the grid to draw the picture.

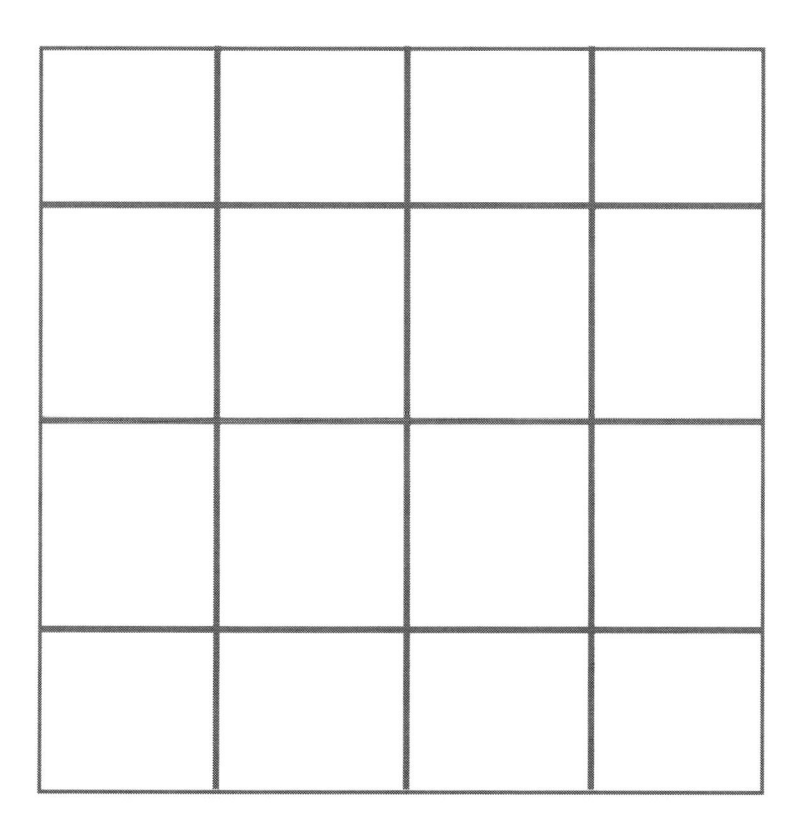

Merry Christmas to one and all!

Answer Key

Maze #1 (pg 5)

Help Santa get to his reindeer.

Word Search #1 (pg 9)

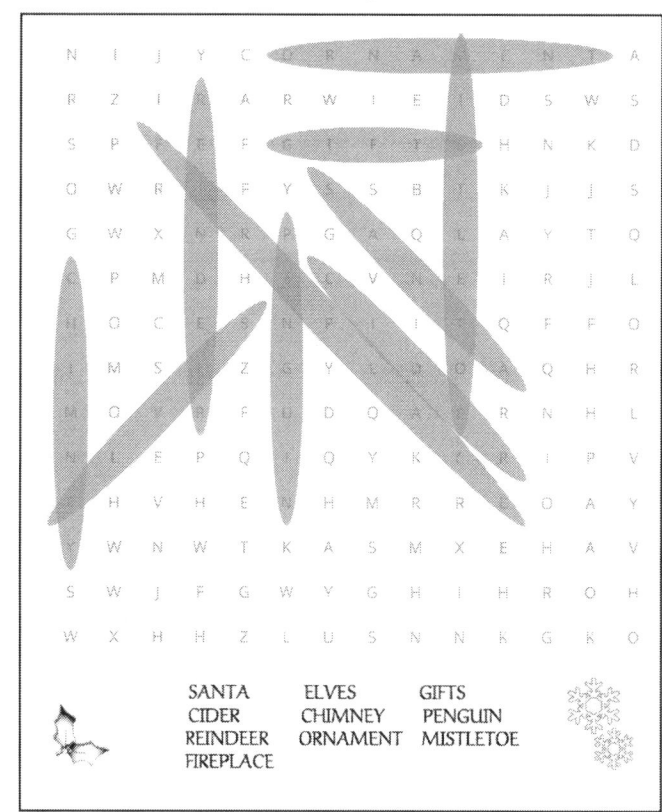

SANTA ELVES GIFTS
CIDER CHIMNEY PENGUIN
REINDEER ORNAMENT MISTLETOE
FIREPLACE

Word Scramble #1 (pg 15)

Unscramble the words

- rsta — s t a r
- onsw — s n o w
- fitg — g i f t
- eret — t r e e
- wsbo — b o w s

Spot the Difference #1 (pg 17)

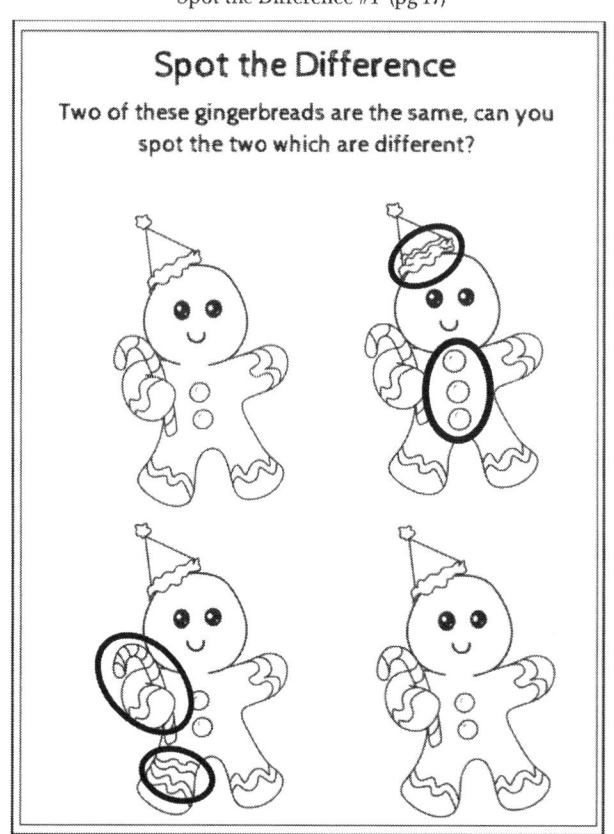

Spot the Difference

Two of these gingerbreads are the same, can you spot the two which are different?

Answer Key

Crossword #1 (pg 19)

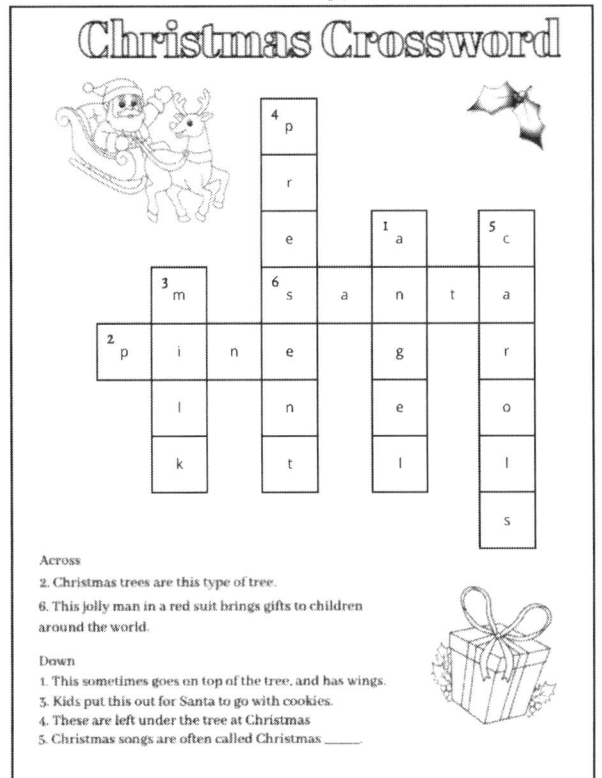

Christmas Crossword

Across:
2. pine
6. santa

Down:
1. angel
3. milk
4. present
5. carols

Word Search #2 (pg 23)

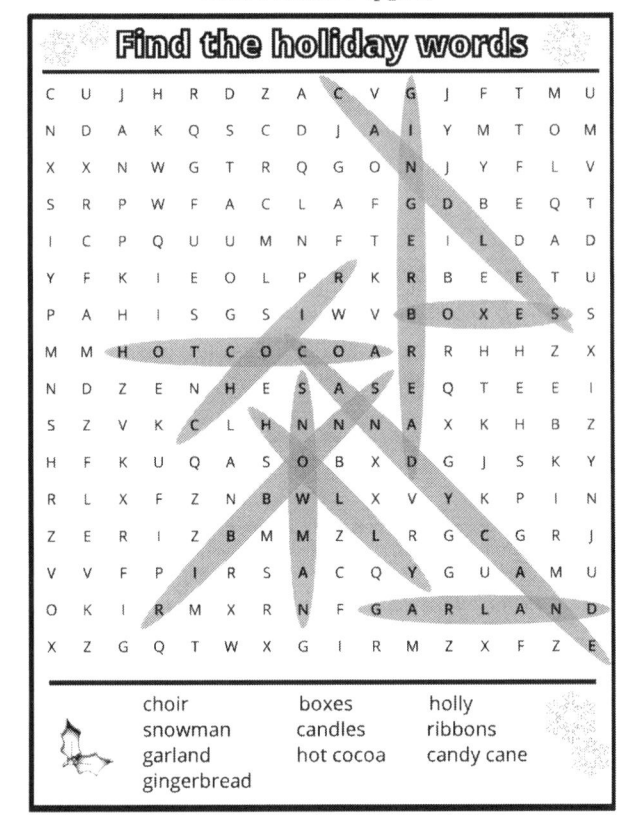

Find the holiday words

- choir
- snowman
- garland
- gingerbread
- boxes
- candles
- hot cocoa
- holly
- ribbons
- candy cane

Maze #2 (Pg 25)

Cryptogram #1 (Pg 27)

Christmas Cryptogram

What do you call a Snowman party?

Use the key below to see the images with their matching letters to decode the message and find the answer to the riddle.

O N S B L W A

A SNOW

BALL

Answer Key

Word Scramble #2 (pg 31)

Unscramble the words

- yhlol — holly
- eglna — angel
- soty — toys
- dles — sled
- ldlo — doll

Spot the Difference #2 (pg 33)

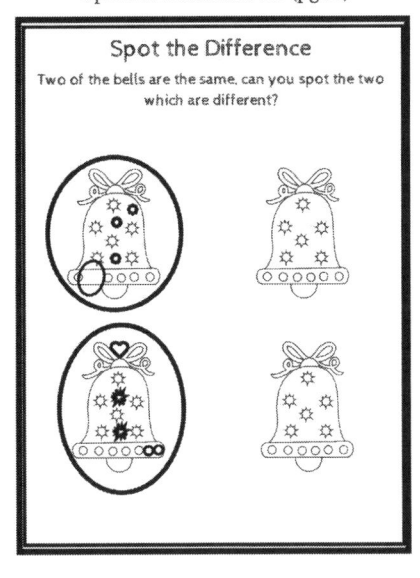

Two of the bells are the same, can you spot the two which are different?

Word Search #3 (pg 39)

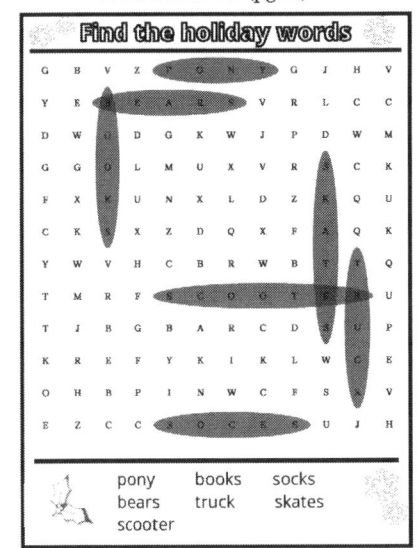

Find the holiday words

pony, books, socks, bears, truck, skates, scooter

Maze #3 (pg 41)

Help Santa take the presents down the chimney to the Christmas tree.

Cryptogram #2 (pg 45)

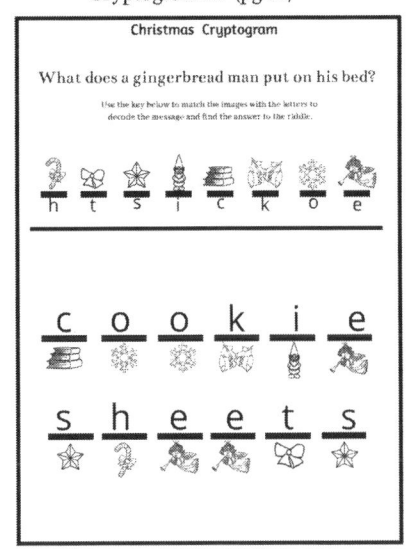

Christmas Cryptogram

What does a gingerbread man put on his bed?

Use the key below to match the images with the letters to decode the message and find the answer to the riddle.

thsicko e

cookie sheets

Word Scramble #3 (pg 49)

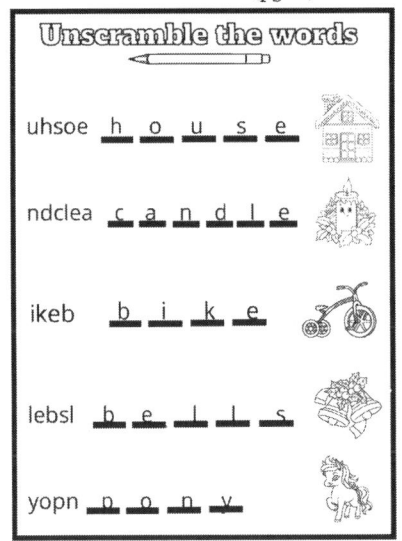

Unscramble the words

- uhsoe — house
- ndclea — candle
- ikeb — bike
- lebsl — bells
- yopn — pony

Crossword #2 (pg 51)

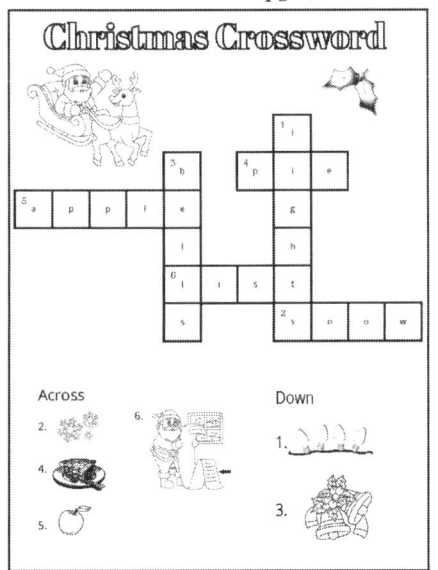

Christmas Crossword

Across: 2, 4, 5, 6
Down: 1, 3

5. apple
6. list
2. snow
4. pie

Spot the Difference #3 (pg 53)

There are 6 snowmen. Can you spot the two which are different?

Word Search #4 (pg 59)

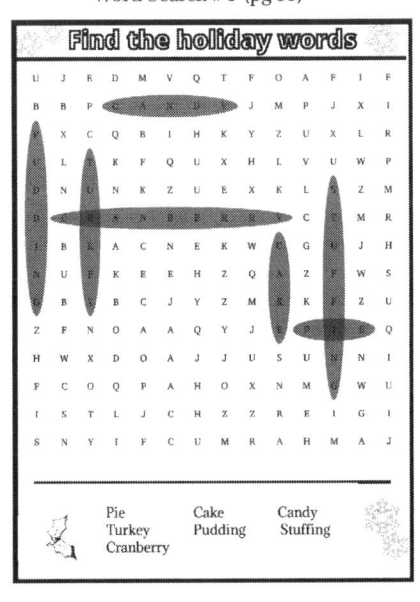

Find the holiday words

Pie, Cake, Candy, Turkey, Pudding, Stuffing, Cranberry

Answer Key

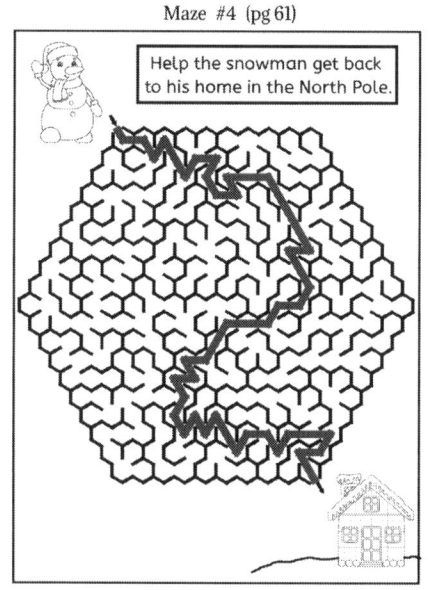

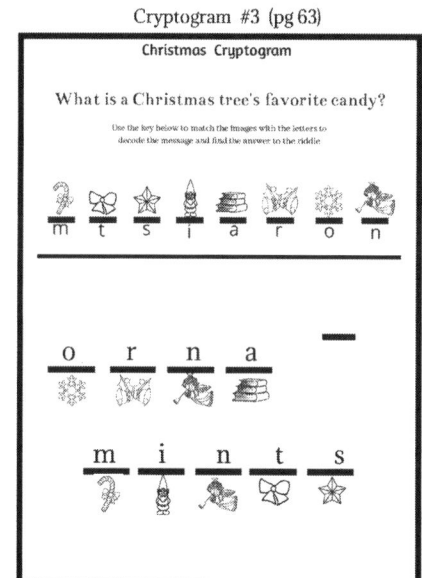

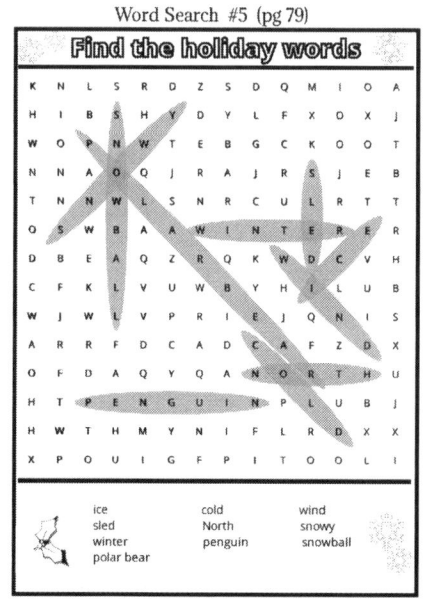

Answer Key

Word Scramble #5 (pg 85)

Unscramble the words

- abll → b a l l
- urctk → t r u c k
- irutf → f r u i t
- onom → m o o n
- agem → g a m e

Maze #6 (pg 91)

Lead Santa to the milk and cookies.

Word Search #6 (pg 93)

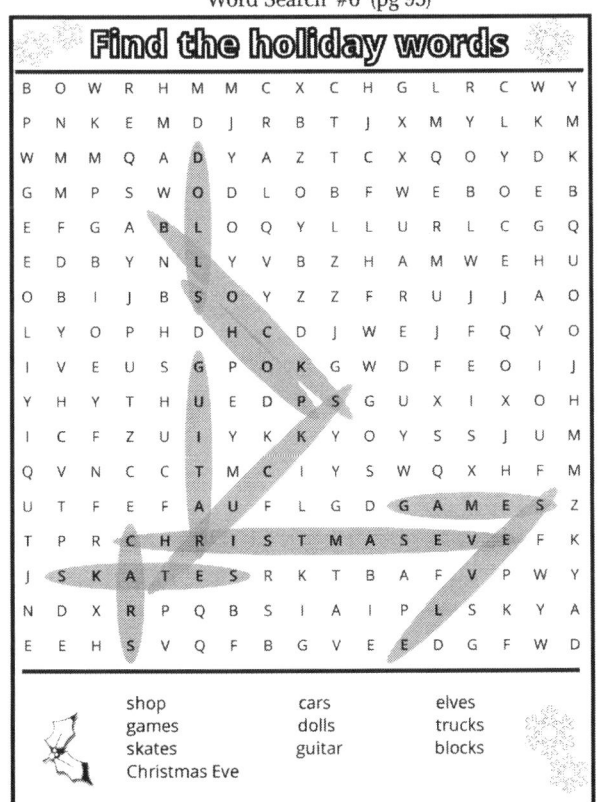

Find the holiday words

shop, games, skates, Christmas Eve, cars, dolls, guitar, elves, trucks, blocks

Cryptogram #5 (pg 95)

Christmas Cryptogram

What kind of bug hates Christmas?

Use the key below to match the images with the letters to decode the message and find the answer to the riddle.

Key: B U A M H G

Answer: A HUMBUG!

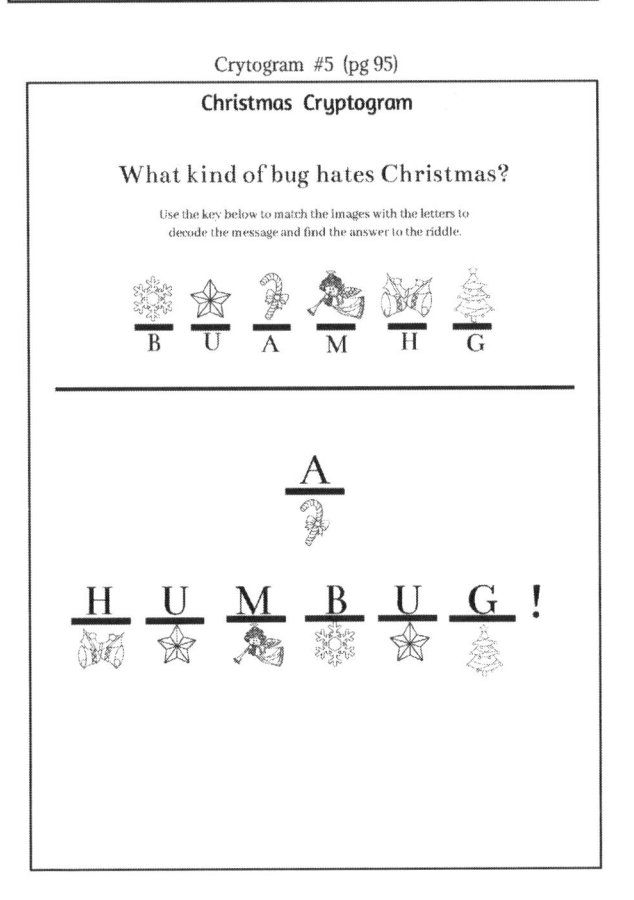

Made in the USA
Monee, IL
27 December 2023